RABINO AVI AMSALEM

JUDAÍSMO Y CONCEPTOS DE VIDA

GLOSARIO PERSONAL

Primera edición: Febrero de 2019

© Avi Amsalem

Diseño de cubierta y diagramación: Miguel Ángel Rodríguez

Cuidado de la edición: Fanny Díaz

ISBN: 978-958-48-5799-6

Impreso en Colombia

DEDICATORIA

"No estás obligado a concluir toda la Torá, mas tampoco eres libre de sustraerte o eludirla" (*Avot* 2:15).

Nuestros sabios nos enseñan que cada uno de nosotros tiene una responsabilidad y misión muy especial y particular que tratamos de lograr en nuestra vida. Algunas veces uno piensa que tiene que empezar la obra de su vida y también concluirla y si no lo hace entonces será un fracaso. Otros dicen que es muy difícil lograr terminar completamente nuestra misión, entonces opinan que es mejor no empezarla, porque si no vamos a cosechar y lograr la metas para qué iniciarlas.

Por eso, nos dice la *Mishná* que de un lado uno no debe pensar que en este mundo es "todo o nada", tenemos que tratar de sembrar y lograr las metas, pero si no se logran no hay que ponerse triste ni sentirse fracasado, porque se han sembrado muchas semillas que darán muchos frutos. Por otro lado, uno es libre de esforzarse y tratar de conseguir lo máximo en su vida en todos los aspectos y también dejar mucho para cosechar y disfrutar en este mundo.

La *Guemará* (*Taanit* 23A) nos relata sobre el sabio Honi, quien vio a una persona sembrando un árbol de algarroba y le preguntó en cuánto tiempo este árbol daría frutos. El sembrador le contestó que en 70 años, y el sabio preguntó: "¿Quién te asegura que vas a vivir 70 años?" y aquél respondió: "No lo siembro para mí sino para mis hijos, de la misma manera que mis padres lo sembraron para mí".

En este relato nuestros sabios nos aclaran lo que nos dijo la *Mishná*, que debemos actuar de la mejor forma en todos los aspectos de la vida, pero no siempre vamos a ver los resultados y los frutos, sin embargo, esto no debe impedir que sigamos sembrando.

Quiero dedicar este libro a la memoria de León Yehuda (Lio) Pérez z"l y de mis padres Moshe y Rujama Amsalem z"l, que siempre expresaron este mensaje en su vida, transmitiendo la ambición positiva en el aspecto profesional, espiritual y tradicional, que siempre incentivaron a seguir sembrando y actuando para poder lograr lo máximo de nosotros como ellos lo hicieron, pero que también dejaron muchas semillas sembradas para que nosotros siguiéramos cosechando hoy en día.

Que su memoria sea recordada siempre para bendición entre nosotros. Amén.

INTRODUCCIÓN

El judaísmo es rico en preceptos, conceptos, valores y principios. Durante el estudio de la Torá y las fuentes rabínicas encontramos innumerables conceptos importantes para nuestra vida, pero en una forma dispersa. Como lector de la Torá uno busca los mensajes y enseñanzas ocultos o que pueden deducirse de un texto y no siempre logra definir con precisión un concepto sobre diferentes temas, por eso los conceptos quedan no muy claros e incluso confusos.

En este libro quiero concentrarme en los principales conceptos de nuestra tradición que tocan el crecimiento como individuo y la ética, analizarlos y desarrollarlos desde el punto de vista judío, en forma actual y práctica, con claridad y definición, para poder entenderlos en forma profunda y aplicarlos en la vida cotidiana.

A lo largo de los años de trabajo con diferentes grupos me he dado cuenta de que la gente siente que la Torá es excluyente, es decir, que es solo para quienes practican las *mitzvot*. Creo que hay que entender que la Torá es incluyente y tiene muchos preceptos que también la gente no observante cumple, en el aspecto ético, que igualmente se consideran parte de la práctica judía.

Con frecuencia se piensa que la Torá habla solo de *mitzvot* como *Shabat*, *kashrut*, etcétera, y ni imaginamos que la Torá es mucho más amplia y nos da herramientas y consejos para la vida diaria. Creo, sin embargo, que es imposible llevar la Torá a nuestra vida cotidiana sin entender profunda y claramente sus conceptos para aplicarlos de acuerdo a sus lineamientos. Porque cuando uno entiende que también la Torá y el judaísmo hablan y tratan estos temas y que la Torá es una guía para nuestra vida, no solo en la sinagoga y en la casa de estudio sino también en lo cotidiano, en el día a día, puede vivir de acuerdo a la Torá.

Rabino Avi Amsalem

AGRADECIMIENTO E INGRATITUD

Todos los días empezamos nuestro día recitando el "Modé Aní" (te agradezco D-os que nos devolviste el alma) como agradecimiento a D-os. Nuestro día empieza con la palabra *gracias*, porque en el judaísmo el concepto de agradecimiento es fundamental, al punto que algunos de nuestros sabios opinan que el agradecimiento es una obligación de la Torá.

El agradecimiento no es solo un gesto de reconocimiento hacia D-os o el prójimo, también se refiere a que debemos entender y apreciar lo que tenemos, lo que han hecho por nosotros y cómo nos han beneficiado, es decir, no siempre apreciamos los favores que nos hacen, pero no porque no queremos, sino que muchas veces es por no dar importancia. Cuando agradecemos llevamos a nuestra conciencia lo importante de lo que nos hicieron o de lo que tenemos. Por ejemplo, en la mañana agradecemos la visión, que para la mayoría es algo obvio, que damos por descontado, sin embargo, cuando agradecemos estamos apreciando el hecho de poder ver.

El principal conflicto en agradecer es que cuando uno agradece siente equivocadamente que el hecho de recibir ayuda quiere decir que no pudo hacerlo solo y es una debilidad o imperfección en él y por eso le cuesta agradecer. El judaísmo nos enseña que uno tiene que reconocer que necesita al otro, como dice el tratado: "si estoy únicamente para mí, qué soy" (*Avot* 1:14), para enseñarnos que nadie es perfecto y por eso necesita la colaboración de los demás.

De otro lado, para la Torá es muy grave la ingratitud. Esta idea se puede entender por medio de lo que la Torá nos dice, que no se puede aceptar en el pueblo de Israel a alguien de los pueblos de Moab y Amón, aunque se convirtiera y pasaran hasta diez generaciones. ¿Por qué?, porque no nos recibieron con agua y pan cuando salíamos de Egipto. ¿Por qué es tan grave?, porque Amón y Moab eran pueblos que salieron de las hijas de Lot, a quien Abraham salvó dos veces. Lo correcto hubiera sido que ellos recibieran al pueblo de Israel, que es la descendencia de Abraham, cuando salieron de Egipto, pero no lo hicieron. Al contrario, se enfrentaron a éste; fueron ingratos con el pueblo de Israel y no podían ser aceptados en el pueblo judío.

Sin embargo los egipcios, que nos esclavizaron y mataron, pueden aceptarse a partir de la tercera generación. ¿Por qué? Porque, aunque nos trataron mal, hubo un tiempo en el que nos dieron alojamiento, y por este hecho debemos ser agradecidos con ellos.

Dicen nuestros sabios que el rey de Israel Jizkia tenía que ser el *Mashíaj*, pero después de que D-os le hizo el milagro en la guerra contra los enemigos que vinieron a conquistar su territorio, él no agradeció a D-os y no dijo un cántico de agradecimiento, y por eso dicen nuestros sabios que él no fue el *Mashíaj*.

De aquí podemos ver la importancia del agradecimiento y la gravedad de la ingratitud que D-os abomina tanto.

AMBICIÓN Y OBSESIÓN

Rabí Tarfon solía decir: "No estás obligado a concluir toda obra, mas tampoco eres libre de sustraerte o eludirla".

Muchas veces nos confundimos entre estos dos conceptos, la ambición y la obsesión. Aunque hay un hilo muy delgado entre ellos, no son iguales, es decir, este tratado nos enseña que uno no puede ser conformista, sino al contrario, hay que tratar de lograr lo máximo de sí mismo en todos los aspectos. La ambición positiva es una bendición; es la búsqueda de siempre crecer, progresar y avanzar en la vida, es lo que nos hace mejores cada día a nivel personal y profesional.

El tratado nos enseña que nunca podemos darnos por vencidos o decir "ya logré lo que pude o hasta aquí llegué". Siempre tenemos que ver qué más puedo hacer para crecer, no por protagonismo sino por apreciar el don que D-os me dio y continuar desarrollando mis potencialidades al máximo.

Hace algún tiempo leí el libro *Por qué caminar si se puede volar* de Isha, donde la autora da herramientas para conocerse mejor con el fin de poder realizar lo máximo de sí mismo. Y así es en la vida judía, siempre buscamos la próxima etapa que podemos alcanzar. Sin embargo, la obsesión es negativa porque no trato de realizar mi don, sino que alimento mis tentaciones e instintos, y cuando es así se llega incluso a realizar actos a costa de los demás y esta manera ya es un camino negativo.

No existe el concepto "no puedo", sino "no quiero", por esto dice el tratado "y si yo no lo hago ahora, cuándo lo haré" (*Avot* 1:14).

Preguntaron a un rabino cómo puede uno crecer personal y espiritualmente. Contestó el rabino: hay dos formas de hacerlo, una es que puedes hacer un hueco o pozo y poner ahí a tu amigo, y así vas a sentirte más elevado y grande, la otra posibilidad es ponerse encima de una silla y así vas a estar más elevado y grande que el otro. La diferencia es que la primera opción proviene de la obsesión, porque así uno crece por medio de hundir y rebajar al otro y no por medio de crecer personalmente. La segunda opción es la ambición positiva, que es querer crecer personalmente por medio de aprovechar todo su talento y cualidades sin perjudicar al otro.

La ambición te lleva a utilizar y realizar el máximo potencial de tu persona por medios correctos y honorables, sin embargo, la obsesión te lleva a escoger caminos negativos y equivocados para satisfacer tus deseos y tentaciones sin verdadero crecimiento personal.

AMISTAD

Dice la *Mishná* en *Pirké Avot* (1:6), "Hazte un maestro y adquiere un amigo". ¿Por qué la *Mishná* utiliza el verbo "adquirir" con relación al amigo?

Nuestros sabios nos enseñan que con respecto a la amistad hay que hacer un esfuerzo de adquisición y compromiso para poder mantenerla y hacer que perdure. Tener un amigo no implica solo tener compañía, sino mantener un lazo espiritual que conecta a las dos personas, que los une, y que no esté sujeto a un interés, como nos enseña la *Mishná*: "La amistad que depende de un interés, cuando desaparece el interés se anula la amistad" (*Avot* 5:16).

Por eso es necesario que la amistad sea independiente del interés. ¿Cómo se consigue? Cuando uno da amor y cariño a su prójimo sin ninguna condición, solo porque es una creación de D-os, como dice el versículo: "A su imagen y semejanza lo creó" (*Génesis* 1:27).

La adquisición de una amistad es necesaria para asegurar, no solo que esta amistad no se va a acabar, sino que va a crecer y progresar cada día, en los momentos alegres y también en los difíciles.

Uno de los principales preceptos del judaísmo es "Amarás a tu prójimo como a ti mismo" (*Levítico* 19:18). Se trata de amar incondicionalmente al prójimo y tener esta amistad y responsabilidad mutua entre ellos, porque la Torá nos educa para tener un sentimiento positivo y un cariño mutuo igual que entre hermanos. Hay algo interesante y profundo al respecto, que aunque dos hermanos nunca se hayan conocido, en el momento que saben que son hermanos se despierta en ellos un sentimiento de cercanía que no puede explicarse. Así quiere el judaísmo que sintamos hacia nuestro prójimo, porque somos hermanos espiritualmente.

Por eso la *Mishná* utiliza el verbo "adquirir", que implica un compromiso de amistad incondicional. Aquí vemos el significado profundo del acto de adquisición, como dice la *Mishná* (*Avot* 6:10), que D-os hizo cinco adquisiciones en su mundo… ¿Qué significa esto? ¿Acaso D-os tiene que adquirir, si todo le pertenece? La idea es que D-os se comprometió incondicionalmente con estas cinco cosas en su mundo.

Sobre esta base uno tiene que formar su amistad con "adquisición", compromiso eterno y firme.

AMOR

La Torá utiliza con respecto a dos casos el verbo "amar": con respecto a D-os, diciendo "y amarás a D-os tu D-os…" (*Deuteronomio* 6:5) y con respecto al prójimo, "y amarás a tu prójimo como a ti mismo" (*Levítico* 19:18).

"El amor tiene que ser primordialmente hacia toda la creación y después todas las personas" dice rab Kuk (*Ahavá* 2).

El significado del amor no es solo expresión emocional, sino una consecuencia de un análisis intelectual, del entendimiento de la importancia y valor de cada creación y ser vivo. Cuando entendemos la importancia de cada objeto o ser vivo, el aprecio y amor hacia ellos crecen y se fortalecen. El amor a D-os y al prójimo tiene que basarse en el entendimiento profundo de la importancia y grandeza de D-os y la responsabilidad del hombre, para así fortalecer ese sentimiento de amor.

Después de tener este tipo de amor hay que ver si es un amor puro o no, significa que debemos saber si es un amor sincero y valorado hacia el otro o si es solo por interés. Dice el tratado de

Avot (5:16), "Cada amistad de amor que depende de un interés, cuando se anula el interés se anula la amistad", es decir, que el amor a D-os y al prójimo no debe ser condicional, porque esta amistad no es verdadera y por eso no va a perdurar, pero cuando el amor hacia D-os y el prójimo es incondicional, aunque el interés desaparezca, todavía la amistad y el amor van a perdurar.

El amor al prójimo no tiene que cubrir los defectos, sino lo contrario, cuando uno ama al otro le importa lo que hace y por eso si le ve un defecto quiere ayudarle a corregirlo, como dice el rey Salomón: "Quien retiene el reproche, odia a si hijo, pero quien lo ama desde su albor lo reprenderá" (*Proverbios* 13:24).

Dice rab Kuk: "A pesar del amor tan grande y puro que tenemos hacia el pueblo de Israel, no nos va a cegar de ver sus defectos para poder corregirlos". De la misma forma, aplica al amor y cariño a tu semejante.

El amor ayuda a valorar y apreciar al otro sin importar lo que le pase y por eso en momentos necesarios el reproche proviene del amor y no del odio.

A medida que uno "conoce" mejor a D-os mediante el estudio de la Torá y los preceptos aumenta el amor hacia él.

ARTE

El arte es un concepto que incluye diferentes expresiones, como música, pintura, escultura… El primer "artista" que encontramos en la Torá es Betzalel, el arquitecto del tabernáculo, quien fue elegido por D-os.

La Torá resalta la virtud que tenía Betzalel para ser elegido: era *jajam lev* (sabio de corazón). ¿Qué significa esta virtud? ¿Acaso la sabiduría está en el corazón? ¡Está en la mente! ¡En el cerebro!

La Torá nos enseña que esta virtud expresa el control de la mente y el intelecto sobre las emociones, tentaciones y sentimientos, es decir, cuando uno tiene la capacidad de dominar las emociones y tentaciones por medio de la parte intelectual, entonces éstas serán dirigidas correctamente según la verdad y sin dejar que la emoción ni la tentación controlen la mente ni la manipulen.

Con respecto al arte esto es una cualidad y requisito fundamental. ¿Por qué? Rab Kuk dice que "la canción es la expresión más profunda del alma", es decir, que la canción en particular, y el arte en general, son una expresión muy profunda del ser humano y por eso hace falta una elevada pureza interna para poder utilizarlas como fuente de espiritualidad, santidad y limpieza de mente.

En el judaísmo el arte es muy importante, al punto que el momento más elevado a que llegó el pueblo de Israel históricamente sucedió en el momento en que D-os partió el mar y todo el pueblo dijo junto el cántico de "Az Yashir" (la Canción del Mar). Sobre esto los sabios dicen que el nivel al que llegó ahí la persona más sencilla superó al que llegó uno de los más grandes profetas, Yejezkel, es decir, que cuando el arte sale de la profundidad pura y limpia del ser humano es la mejor expresión espiritual que uno puede tener.

"Vean que el Eterno ha llamado por su nombre a Betzalel…" (*Éxodo* 35:30).

El hecho de que llamemos algo "arte" no lo justifica ni lo legaliza, sino cuando éste expresa una íntima pureza. Como vemos en nuestros antepasados que fueron arquitectos, poetas y otras profesiones, siempre expresan un arte que representa pureza y santidad de acuerdo con el estado espiritual, ético e interno del artista.

En el judaísmo el arte no es un fin en sí mismo, sino un medio profundo y sincero para expresar ideas, sentimientos y emociones de forma elevada y correcta.

AUTOCONTROL

Si queremos buscar un hilo común para todos los preceptos en particular y en el judaísmo en general diría que el autocontrol es la esencia que los liga y concentra. ¿Qué es el autocontrol? En la vida existe permanentemente una "lucha" entre nuestra parte espiritual y nuestra parte material en la que cada una hala para su lado y quiere satisfacer sus propias exigencias.

El secreto de la vida es saber definir el bien y el mal, y con base en esta definición formar el orden de prioridad correcto y tomar así las decisiones adecuadas en el momento adecuado. En ese momento tenemos que utilizar el autocontrol para sopesar entre lo importante y lo que es menos importante.

Por ejemplo, la frase famosa "Como para vivir y no vivo para comer" significa que la comida es un medio mas no un fin, y así uno come lo correcto y sano en el tiempo adecuado, con las cantidades apropiadas. Cada vez que uno fortalece su autocontrol tiene más herramientas para tomar las decisiones correctas en la vida.

La Torá nos enseña que los animales aptos para ser consumidos deben cumplir dos condiciones: tener pesuña partida y ser rumiantes. De allí aprendemos que uno tiene que tener estas dos condiciones para poder controlar y guiar su instinto animal.

La pesuña partida simboliza la capacidad de diferenciar entre el bien y el mal, saber definir cada uno de ellos. Ser rumiante significa que el animal digiere su comida varias veces por medio de los cuatro estómagos. En la parte espiritual es igual; después de tener la primera condición, que es definir el bien y el mal, hace falta también tener la condición de "repensar" antes de tomar una decisión, esto es el concepto de autocontrol.

Es lo que dice también el rab Luzzatto en su libro *La senda de los justos* (tercer capítulo), que para ser prudente, evitar errores y tomar decisiones correctas hay que tener lo anterior: "Aquel que quiere controlarse a sí mismo, son dos los análisis que deberá efectuar: en principio deberá considerar cuál es el verdadero bien que seleccionará y cuál el mal que apartará de sí. Y el segundo sobre la conducta que lleva a cabo, si se incluye dentro del bien o del mal, tanto en forma activa como pasiva".

El autocontrol es la base de nuestra tradición para crecer y progresar a nivel personal, profesional y espiritual.

AUTOENGAÑO

Uno de los obstáculos más peligrosos para el crecimiento como ser humano es el autoengaño, el cual consiste en no ser capaz de verse en el espejo para conocerse, reconocer sus virtudes y debilidades, para poder mejorar sus cualidades y corregir sus defectos.

La Torá nos ordena "no engañarás", y se refiere al engaño monetario, pero explica el rab Luzzatto que también se refiere al engaño mental, lo que significa hacer pensar a alguien que soy lo que no soy. No solamente engaño al otro y le hago valorarme equivocadamente, sino que también soy capaz de engañarme a mí mismo. Quien actúa así nunca logrará llegar a la realización propia ni verdadera. Hay una famosa sentencia jasídica que dice que cuando Zusha (un nombre) llegue al cielo no le van a preguntar por qué no fue fulanito, sino por qué no fue Zusha, es decir, que cada quien tiene que ser como es realmente y no como el otro es o quiere que uno sea.

El ser humano se siente cómodo con el engaño porque así no se ve comprometido con correcciones ni avances, sino lo contrario, se escuda en lo que la sociedad piensa de él y niega lo que sabe de sí mismo. Por eso el judaísmo nos ordena hacer un diario examen de conciencia, y así cada día nos sentimos mejor y encontramos nuestro yo verdadero para poder progresar y avanzar como persona y en todos los aspectos de nuestra vida.

El autoengaño es una de las formas más astutas del instinto negativo para hacer caer a la persona, porque así uno se siente bien con lo que hace, aunque no sea verdaderamente lo que tiene que hacer, ni tampoco sea lo apropiado para uno, sino para la persona que uno se hace creer que es. Por eso el judaísmo nos exige ser transparentes y honestos con nosotros mismos para poder llegar a la absoluta y verdadera realización propia.

AUTOESTIMA

Uno de los principales obstáculos para el crecimiento personal, profesional y espiritual es la baja autoestima. El judaísmo hace mucho énfasis en la importancia de la autoestima: por un lado vemos la prohibición de humillar o irrespetar a un ser humano y de otro la obligación de apreciar y respetar a nuestros semejantes.

La *Mishná* de *Pirké Avot* (1:14) dice: "Si no lo hago para mí, quién lo hará", es decir, que uno debe creer en sí mismo y confiar en sus fuerzas para llevar a cabo sus objetivos y metas, porque si alguien no confía en sí mismo, mucho menos otros confiarán en él.

Según algunos comentaristas de la Torá, el pecado del pueblo de Israel antes de entrar a la tierra de Israel, después de escuchar el informe y las conclusiones de los espías, fue el hecho de decir: "Y fuimos saltamontes delante nuestros ojos y así ellos nos vieron" (*Números* 13:33), lo que refleja su baja autoestima, cuyo efecto fue no hacer y no actuar para conquistar la tierra prometida por D-os.

En la mañana cuando agradecemos a D-os y decimos "Modé Aní" (Te agradezco D-os) terminamos con la frase "Grande es tu fe en mí". Significa que después de que agradecemos a D-os por devolvernos el alma, reafirmamos la fe de D-os en cada uno de nosotros, al punto que nos ha dejado un día más en este mundo. En otras palabras, subimos nuestra autoestima diciendo que si D-os cree en mí como soy, ¿por qué no he de creer en mí mismo? Por eso voy a aprovechar al máximo mis capacidades y mi tiempo.

Es lo que dice la *Mishná*: "Siempre uno tiene que pensar que el mundo fue creado para él" (*Sanhedrín* 4:5), no desde el punto de vista del orgullo, sino desde la importancia que exige responsabilidad.

Desde el momento que Moisés fue elegido como líder del pueblo de Israel, D-os comienza a "trabajar" en su autoestima. Cuando la Torá nos relata que Moisés rechaza la misión de redimir al pueblo de Israel con el argumento de que es tartamudo, explican nuestros sabios que su problema no era físico, sino que le faltaba fe en sí mismo, y como consecuencia en el pueblo de Israel. Por eso D-os no aceptó su rechazo, sino que empezó a subir su autoestima, de manera que tuviera fe en sí mismo y en el pueblo, y aceptara la misión.

Cuando el rey Saúl recibe la orden de salir a la guerra contra Amalek y exterminarlo completamente, no cumplió la orden divina y como justificación dijo al profeta Samuel que el pueblo no le permitió exterminarlos. La respuesta del profeta fue: "¿Crees que eres cualquiera? Eres el rey del pueblo de Israel" (*Samuel* 1 15:17). En otras palabras, el profeta le dice a Saúl: "Tienes que valorarte y confiar en ti y en tu poder".

Cuando uno no se valora puede llegar a no creer en lo que tiene que hacer, por eso con mucha humildad hay que apreciarse y valorarse para poder expresar y llevar a cabo todo su potencial de la mejor manera posible.

CASTIGO Y LECCIÓN

Entre nosotros muchas veces escuchamos el concepto "castigo", pero creo que la palabra más adecuada es "lección". ¿Cuál es la diferencia?

Cuando utilizamos la palabra "castigo" en referencia a lo que aplicamos cuando alguien cometió un error, implica que no lo aplicamos para educar sino para asustar a la persona que cometió el error, para asegurar que no lo vuelva a cometer y además tranquilizar nuestra ira. Por eso el castigo que aplicamos no siempre tiene que ver con el error cometido. Cuando utilizamos la lección, sin embargo, buscamos causar una reflexión y cambiar el hecho cometido con el error, y así lo que aplicamos tiene que ver con la equivocación realizada, para educar a la persona y reparar el error.

Adán y Eva desacataron la prohibición de comer de la fruta prohibida y no obedecieron la palabra de D-os, sin embargo, cuando él les llamó la atención no los castigó sino que le dio una lección diferente a cada uno. Si los dos cometieron el mismo error de comer de la fruta prohibida, entonces ¿por qué al hombre y a la mujer les aplican una lección diferente? D-os analizó a fondo el error y aplicó la lección para educar a cada uno de acuerdo a su error y causar una reflexión y el arrepentimiento correspondiente.

El hombre dijo "la mujer que me diste me dio de comer de la fruta" (*Génesis* 3:12). Por tanto, la falta del hombre fue la ingratitud. Sabemos que D-os le creó al hombre la mujer para apoyarlo y ahora el hombre es ingrato. Por eso D-os le dijo "con el sudor de tu frente comerás el pan" (*Génesis* 3:19), es decir, como no sabes apreciar lo que te doy, entonces consíguelo solo.

A su vez, la mujer no entendió la gran responsabilidad que tenía que asumir y cuando D-os le llama la atención ella le echa la culpa a la serpiente. Por eso, la lección de D-os fue "tendrás dolores de parto", lo que significa que cuando trajera vida al mundo debía recordar su responsabilidad y la obligación de asumirla.

En la vida educativa y espiritual siempre tenemos que buscar la lección y no el castigo, porque lo que queremos es cambiar a la persona que cometió el error y causarle reflexión, corrección de sus errores y progreso para avanzar.

En la misma forma hay que entender el dicho de nuestros sabios que "D-os paga a uno con la misma moneda". Significa que D-os se convierte por medio de su actitud en nuestro "espejo" para mostrarnos cómo nos comportamos, porque él quiere despertar en nosotros la reflexión sobre nuestras acciones para entender en qué nos equivocamos y cómo corregir los errores. De la misma manera, cuando D-os nos recompensa de acuerdo a nuestras acciones es para fortalecer la buena conducta y actitud que tuvimos. Así, nuestra actitud debe ser encontrar la lección en cada hecho que debamos enfrentar y verlo como una oportunidad de aprendizaje.

CONSTANCIA

En nuestra vida hay momentos de éxitos y también de fracasos, tenemos metas y objetivos que queremos conseguir, pero ¿cómo se logra?

Una de las condiciones fundamentales es la constancia, es decir, nunca rendirse, sino insistir y tratar de lograrlo, porque en la vida las cosas importantes solo se pueden lograr con esfuerzo y constancia. Nuestros sabios nos relatan que cuando rabí Akiva tenía 40 años vio que una roca enorme tenía un hueco y no entendió cómo se había formado aquel hueco. De repente vio una gota cayendo sobre la roca y después de un rato otra gota.

Entonces se dijo a sí mismo: "Si el agua con su constancia, gota tras gota, puede hacer un hueco en la roca que es tan grande y fuerte, yo también puedo hacer un cambio en mi vida, pero tengo que ser constante". Y así fue. Rabí Akiva se convirtió en uno de los más grandes sabios que ha tenido el pueblo de Israel.

En la vida no hay que darse por vencido, sino que hay que tratar de lograr las metas. Y con constancia tarde o temprano se logra.

El *Midrash* nos relata que discutieron nuestros sabios sobre cuál es el versículo más importante de la Torá. Uno dijo "Amarás a tu prójimo como a ti mismo" (*Levítico* 19:18), otro dijo "Escucha Israel D-os es uno" (*Devarim* 6:4) y rabí Shimón Ben Pazi dijo "Un sacrificio lo harás en la mañana y el otro en la tarde" (*Números* 28:4). Dijeron los sabios que la opinión de rabí Shimón es la correcta. ¿Por qué es la correcta?

Nuestros sabios explican que el versículo que dice ofrecer un sacrificio en la mañana y otro en la noche expresa la importancia de la constancia, pues así se logran las metas y los objetivos en nuestra vida, en todos sus aspectos, en la parte profesional, espiritual y educativa. Tenemos que ser constantes con lo que queremos lograr y con lo que exigimos de los demás.

"La constancia vence lo que la dicha no alcanza".

Uno de los principales obstáculos de la constancia es la falta de paciencia, porque uno quiere ver resultados, y si no los ve en forma rápida entonces busca un camino corto, algún atajo. Pero cuando uno quiere ir en el camino correcto, solo cuando sea constante y disciplinado en lo que hace va a ver los resultados, sin embargo, para eso hay que tener la paciencia necesaria.

La *Mishná* nos enseña que hay un programa estructurado para el crecimiento del ser humano, paso a paso, con mucha dedicación y paciencia: "Él solía decir a los cinco años de edad se debe empezar el estudio de las escrituras, a los diez años la *Mishná…*" (*Avot* 5:22).

CORAJE

Uno de los principales obstaculos para el crecimiento personal y espiritual es el miedo: es cuando uno se enfrenta y no actúa, algunas veces por "humildad negativa", que no deja que podamos valorarnos ni reconocer nuestras virtudes y fuerzas.

El tratado de *Avot* (1:14) dice: "Si no estoy para mí, ¿quién estará?". Es decir, que uno no debe tener miedo de enfrentarse a los retos y conflictos, sino al contrario, hay que tener coraje y valentía para poder superarlos.

El coraje se consigue por medio de dos condiciones. La primera es creer en sí mismo y en sus virtudes y fuerzas para crecer, avanzar y superar los conflictos.

La otra condición es que la persona crea en lo que hace y crea que es la verdad, de la misma manera que vimos que nuestro maestro Moisés tuvo el coraje de enfrentarse a D-os después de que el pueblo cometió el pecado del becerro de oro. Cuando Moisés escucha la decisión divina de exterminar al pueblo de Israel, le dice a D-os que si no perdona al pueblo de Israel entonces borre su nombre de la Torá. De aquí surge una pregunta: ¿de dónde sacó Moisés este coraje? Y la respuesta es que cuando uno está con la verdad y está convencido de ella no tiene que temer nada, sino perseverar en su verdad.

La Torá dice que antes de que Moisés falleciera D-os le pidió que subiera a la montaña y viera la tierra de Israel, porque no podría entrar en ella. Preguntan nuestros sabios por qué D-os le muestra a Moisés la tierra de Israel que él tanto deseaba, sabiendo que no iba a entrar. ¿No es como "echar sal sobre las heridas"?

Lejos de esto, la idea es que D-os le pide a Moisés que transmita al pueblo su visión de la tierra Israel con tanto cariño y amor, que solo así podría el pueblo enfrentar los conflictos que se le presentaran en la tierra de Israel y superarlos. Es decir, solo cuando uno tiene una visión clara de lo que es importante de verdad y está convencido de esto, entonces tendrá la fuerza y el coraje de superar y soportar cualquier dificultad en el camino.

En la vida uno tiene que conocer la verdad sobre uno mismo, lo que implica sus virtudes, cualidades y debilidades, y tratar de progresar y tener prosperidad. Sin este reconocimiento tendrá miedo, lo que le va a controlar y como consecuencia va a frenar su avance.

Cuando el rey David se enfrentó al gigante Goliat (representante militar de los filisteos) surge la pregunta de cómo se atrevió David a luchar contra este gigante. La respuesta es que David estaba muy seguro de lo que tenía que hacer y de la verdad que él representaba, esto le dio la fuerza y el coraje de luchar y enfrentarse contra Goliat y vencerlo.

La *Guemará* (*Shabat* 88b) nos relata que cuando Moisés subió a recibir la Torá los ángeles le reclamaron a D-os por qué entregaba la Torá que es tan sagrada a una persona de carne y hueso. D-os le dijo a Moisés que les contestara, pero Moisés tenía miedo. Entonces D-os le dijo que se sostuviera con su trono y les contestara, y así lo hizo. ¿Qué significa? Que D-os le enseñó a Moisés que para poder contestar debía estar convencido de lo que cree y entender que la verdad lo sostiene y esto le da el apoyo para defender lo que se cree, para progresar y avanzar y nunca quedarse sin crecer.

EJEMPLO

"Un ejemplo vale más que mil palabras".

En el judaísmo el ejemplo es fundamental, porque la Torá no es solo información teórica sino también práctica, es decir, que toda la información hay que ejecutarla y llevarla a la práctica y por eso hay que ser coherente con lo que digo, pienso y enseño.

Nuestros sabios dicen que "el honor del hombre es su vestimenta". La vestimenta significa la presentación, no solo física, sino también ejemplar, como persona ética, educada y espiritual. Por eso el ejemplo es tan importante que nuestros sabios dicen que debemos ser coherentes entre nuestra parte interna y externa, y esto se logra solo por el buen ejemplo.

El tratado de *Avot* (2:1) dice "Ten conciencia de que por encima de ti hay un ojo que te observa, un oído que te escucha y que tus acciones quedan debidamente inscritas". En nuestra vida siempre nuestros hijos, amigos y las personas que nos rodean nos observan por lo que decimos, actuamos y hacemos; siempre somos seres ejemplares y por eso tenemos que tratar de dar el mejor ejemplo para fortalecer nuestras enseñanzas y mensajes. Porque hay un ojo de nuestros hijos y de los que nos rodean que nos observa y un oído que escucha cómo hablamos y qué vocabulario usamos y todo lo que hacemos queda grabado en su mente.

La Torá dice en el quinto mandamiento: "Honrarás a tu padre y a tu madre para que se prolonguen tus días sobre la tierra" (*Éxodo* 20:12). Según este versículo vemos que la *mitzvá* de honrar a los padres nos recompensa con vida larga, pero surge una pregunta: conocemos casos en que a pesar de los hijos haber honrado a sus padres no siempre tuvieron larga vida e incluso algunos fallecieron jóvenes, entonces ¿qué significa lo que dice la Torá?

Explican nuestros sabios que cuando la Torá habla de larga vida no se refiere a vida larga físicamente en este mundo, sino que cuando uno honra a sus padres entonces sus hijos que lo observan lo van a respetar y honrar en la misma forma y así tendrá "vida larga". Significa que su descendencia seguirá con sus valores, principios y educación y todo eso gracias al buen ejemplo que dio y transmitió.

ENVIDIA

Rabí Elazar Hakapar dice: "La envidia, la codicia y la ambición comprometen nuestra existencia" (*Avot* 4:28).

La envidia es uno de los defectos más rechazados en el judaísmo porque ésta causa daño a la misma persona y a quienes la rodean.

Cuando una persona es envidiosa siempre ve lo malo en el otro y juzga equivocadamente a los demás, resaltando lo negativo. Hay momentos en que uno es capaz de hacerle daño a los demás por envidia, sin razón ni argumento.

La envidia es una falta de fe, porque no aceptamos lo que D-os le otorgó a los demás, y también implica falta de satisfacción consigo mismo. Por eso la persona compromete su existencia, porque todo el tiempo está concentrada en lo que tienen y hacen los demás, descuidándose a sí mismo; de esta manera, nunca podrá avanzar o corregir sus defectos ni debilidades.

La envidia perjudica directamente a la persona porque le genera un sentimiento negativo por no estar concentrado en su propia vida sino al pendiente de los demás. Este sentimiento negativo causa que la persona no se sienta conforme ni alegre consigo misma, que siempre esté decepcionada y que vea todo negativo y oscuro, e incluso llegue a la depresión por no apreciar ni valorar lo que tiene, y todo a causa de la envidia que guarda.

La solución que nos ofrece el judaísmo para eliminar la envidia es entender que lo que cada uno tiene es propio y le pertenece por decisión divina y no por cuenta de los demás. Así la persona no se enfocará en lo que tienen los demás sino en lo que ella misma tiene, para que pueda apreciar y trabajar en pro de corregir sus defectos y debilidades para mejorar y perfeccionar sus cualidades.

Un ejemplo muy claro del efecto negativo de la envidia es el caso del rey Saúl con David. El profeta Samuel nos relata que desde el momento que Saúl se dio cuenta de que David iba a ser la persona que lo remplazaría como rey del pueblo de Israel, lo dominó el espíritu negativo de la envidia, que le causó aumentar el odio y el rechazo hacia David hasta llegar a estar dispuesto matarlo. La envidia cegó a Saúl de tal manera, que no pudo concentrarse en sí mismo sino solo en buscar cómo perjudicar y herir a David.

Cuando uno controla su envidia y se aleja de ella, entonces puede tener un enfoque y visión clara y positiva de la vida, sin caer en los obstáculos que quieren frenar su crecimiento y progreso.

ÉTICA Y PRÁCTICA

Cuando analizamos cuál es el principal objetivo de la Torá y de todos los preceptos, muchas veces pensamos que es para cumplir órdenes de D-os y así él se siente el amo del mundo; según esto, el cumplimiento de la Torá y sus preceptos es para satisfacer a D-os. Sin embargo, nuestros sabios nos explican que el objetivo principal de la Torá es la ética y la práctica, es decir, que la Torá y sus preceptos son para inculcarnos valores y ética por medio de la práctica. Este concepto nos enseña dos cosas.

Cuando estudiamos la Torá hay que conectarse para entender los preceptos y su forma de práctica para deducir los mensajes éticos transmitidos por los preceptos de la Torá, a fin de incorporarlos en la vida y en nuestra persona. Hay que evitar desviarse hacia aspectos que nos distraigan del objetivo principal de la Torá, que es perfeccionar a la persona y al mundo a través de los mensajes de práctica y ética que nos da.

Como dice Maimónides en su carta a los judíos de Yemen (*Iguéret Temán*), "Todos los preceptos nos llevan a adquirir una cualidad y ética y nos hacen alejarnos de los defectos". Ésta tiene que ser nuestra perspectiva sobre la Torá y hay que ver cada vez cómo nos transformamos y perfeccionamos por medio de su estudio y la práctica de sus preceptos. En conclusión, la principal meta de la Torá es llevarnos a adquirir buena conducta, valores, ética y comportamiento positivo.

El tratado de *Avot* (3:21) dice "Si no hay Torá no hay ética y si no hay ética no hay Torá", es decir, que hay una conexión y dependencia entre estos dos conceptos, Torá y ética. El autor de la *Mishná* quiere enseñarnos que el buen comportamiento es la base del estudio y la práctica de la Torá, y por otro lado el objetivo principal de la Torá y sus preceptos es que adquiramos ética y buena conducta.

Muchas veces cuando estudiamos la Torá nos desviamos de lo principal y nos concentramos en lo secundario, como el aspecto científico o histórico, porque es más llamativo o "interesante", pero hay que saber que la Torá no es un libro ni de ciencia ni de historia. La Torá es un libro que nos da herramientas de crecimiento espiritual y ético.

Cuando preguntaban al rab Kuk sobre la contradicción entre la edad del mundo según la cuenta judía y la cuenta científica, contestaba que él no veía la importancia de aclarar esta contradicción, porque la meta de la Torá son los valores, enseñanzas, consejos y más que se pueden aprender a través de ella.

FE Y ACCIÓN

Cada vez que escuchamos estos dos conceptos pensamos que son opuestos, es decir, que cuando tengo fe la acción me exige menos y cuando tengo menos fe hace falta más acciones. Según el judaísmo, sin embargo, fe y acción siempre van juntas. ¿Por qué?

Hay una perspectiva equivocada con respecto a la fe, pues pensamos que tener fe significa dejar todo en manos de D-os y sentarse de brazos cruzados. La verdad es totalmente contraria, porque cuando aumento mi fe creo más en el concepto o la idea, y esto me hace actuar y esforzarme más, y cuando menos actúo es porque me falta fe.

Cuando el pueblo de Israel estaba frente al mar y los egipcios iban detrás de él, el pueblo de Israel empezó a gritar a D-os que les ayudara. D-os les contestó que no era momento de gritar sino de actuar, y por eso le ordenó a Moisés "Dile al pueblo de Israel que siga en el camino" (*Éxodo* 14:15).

La fe no es para remplazar el esfuerzo sino para fortalecerlo, por eso la Torá nos obliga a hacer lo máximo de nuestra parte para después juntarlo con la fe para que D-os nos ayude. "Abridme una puerta pequeña como el ojo de una aguja y yo les abriré la puerta grande de una sala", es decir, cuando uno hace todo lo posible de su parte, D-os también pondrá de su parte. *Itaruta delela*, el despertar celestial, viene sólo después del *itaruta deletata*, esfuerzo terrenal.

Una vez preguntaron a un rabino a partir de qué momento empieza la fe. Contestó el rabino: a partir del momento que ya está fuera del alcance del hombre, es decir, que la fe nos hace actuar y luego ocupa el espacio que quedó después de hacer el máximo esfuerzo de nuestra parte.

El obstáculo principal es cuando en la persona hay la falta de voluntad de actuar, entonces la viste de fe y se siente exento de actuar y utiliza la frase "D-os proveerá". Pero esta no es la forma correcta de pensar en el judaísmo, porque en el judaísmo hay una exigencia de actuar y hacer todo lo posible de nuestra parte y juntar este esfuerzo con la fe en D-os.

Uno llega a pensar que el envío de los espías a Israel fue falta de fe, pero no es así, solo la forma del envío de los espías fue equivocada, porque vemos que Yehoshua volvió a mandar espías antes de la conquista de Israel. Si fuera por falta de fe, entonces por qué repitió Yehoshua el mismo error. Por eso debemos decir que el envío de los espías no es falta de fe, sino el esfuerzo que uno tiene que hacer para lograr el objetivo y juntar y reforzar este esfuerzo con la fe en D-os.

HONOR

"Rabí Elazar Hakapar dice: la envidia, la codicia y la búsqueda de los honores comprometen nuestra existencia" (*Avot* 4:21).

El tratado nos dice que no hay que perseguir los honores porque es algo negativo que puede perjudicar nuestra vida, ¿pero por qué es algo tan negativo?

La búsqueda de los honores causa dos efectos negativos principalmente. El primero es que cuando uno busca los honores quiere decir que está vacío por dentro y por eso necesita los honores externos para "llenarse" y de esta manera sentir que es útil. El problema es que así la persona no va a tratar de crecer ni progresar porque piensa que llegó al nivel necesario y no tiene que seguir trabajando ni avanzando. Por eso, nuestros sabios siempre se alejaron de los honores y así adquirieron la humildad, que es reconocer y saber quién soy y cuál es mi lugar.

El otro efecto es muy peligroso, y es que por medio de recibir honores externos se puede llegar a pensar que estos honores le corresponden y caer en una situación de autoengaño, en la que uno puede vivir en mentira hasta estar convencido de que merece estos honores y molestarse si no se le rinden. Esta situación puede causar que adquiera el orgullo y la arrogancia.

La *Guemará* (*Shabat* 89A) relata que cuando D-os entregó la Torá a Moisés vino el diablo y preguntó a D-os dónde estaba la Torá. D-os le contestó que fuera a preguntar a Moisés. Cuando el diablo le preguntó a Moisés éste contestó que no la tenía. En este momento le preguntó D-os a Moisés: "¿Por qué mientes?". Contestó Moisés: "¿Cómo voy a decir que la Torá es mía?". Le dijo D-os: "Por haberte alejado de los honores la Torá llevará tu nombre", es lo que dice "la Torá de Moisés mi siervo".

Muchas veces perseguimos los honores y todo es en vano, porque esta búsqueda muestra un enorme vacío interno, así como dice el refrán: "Cuando uno persigue los honores, los honores escapan de él".

Un muchacho se acercó a su maestro y le dijo que él no entendía por qué siempre escapaba de los honores y los honores nunca le llegaban, entonces su maestro le contestó: "Puedo deducir que cuando tú escapas de los honores siempre te volteas a ver si ellos te persiguen". Es decir, que uno tiene que ser sincero y transparente consigo mismo, reconocer cuál es su lugar, y así poder crecer y progresar sin caer en la mentira y el autoengaño. Los honores que le van a llegar van a ser los adecuados para darle fuerza y un estímulo sin ningún efecto negativo.

HUMILDAD

"Y el hombre Moisés era el más humilde de todo ser humano sobre la tierra" (*Números* 12:3).

Moisés se destacó por una de sus cualidades más importantes: la humildad. Analizar su personalidad nos va a ayudar a definir esta cualidad. Muchas veces pensamos que ser humilde significa tener un bajo perfil, no hablar, agacharse y dejarse pisotear, pero si estudiamos sobre Moisés, no se encuentra ningún tipo de actitud similar. Por eso tenemos que entender que la perspectiva anterior fue influenciada por otras culturas y creencias, pues según el judaísmo la humildad significa conocer y reconocer las virtudes y defectos que tengo, y así corregir los defectos para mejorar las virtudes y realizar mi potencial de acuerdo con ellos.

La humildad es conocernos y saber quiénes somos, sin ser más ni menos, y actuar de acuerdo a lo que somos.

Moisés era una persona firme ante el pueblo de Israel y también delante de D-os, tanto, que hasta llegó a enfrentar a D-os diciéndole que si no perdonaba al pueblo de Israel que borrará su nombre de la Torá. Esta es una firmeza que proviene de la humildad. Dice rab Kuk (*Midot Anavá*) que la humildad hace a la persona ágil y activa, y no como pensamos a veces, que la humildad la lleva a "esconderse". Al contrario, sabiendo quien soy tengo la obligación de actuar y poner de mi parte, colaborando y compartiendo, porque ser humilde es conocer sus fuerzas y de acuerdo a ello actuar, avanzar y progresar.

La "humildad negativa" causa no actuar, no aceptar lo que somos, y mucho menos reconocer nuestras virtudes. El *Shulján Aruj* (*Yore Dea* 336:1) en las leyes del médico dice que el médico tiene el permiso y la obligación de ayudar al enfermo y curarlo, y si por "humildad negativa" se abstiene de atenderlo se considera como asesino, es decir, que no se puede permitir que uno deje de actuar por "humildad", sino que conociéndose hay que actuar de acuerdo a lo que soy y de acuerdo a mis virtudes y talentos.

Conociéndome no necesito llenarme externamente, sino que me concentro en mi parte interior, y así me alejo del orgullo y alcanzo la realización propia.

Así nos enseña la *Mishná* de *Pirké Avot* (5:19), que una de las diferencias esenciales entre nuestro padre Abraham, que representa al pueblo de Israel, y el profeta de las naciones Bilaam es que Abraham tiene la cualidad de la humildad, que es una cualidad y condición fundamental para el pueblo de Israel.

IMPORTANCIA Y RESPONSABILIDAD

Muchas veces uno quiere que le den importancia y respeto, pero de otro lado no quiere asumir la responsabilidad que la importancia exige. Hay un dicho de nuestros sabios que reza: "D-os es muy estricto y meticuloso con los justos" (*Baba Kama* 50A), y nos preguntamos si no tendría que ser lo contrario, que D-os fuera menos estricto con el justo, que mayormente hace el bien. Sin embargo, según lo anterior, es exactamente lo contrario.

La explicación es que mientras más importante eres, mayor trascendencia tienen tus acciones, entonces la responsabilidad que se debe asumir es superior. Por eso cuando un justo se equivoca el efecto negativo de la acción es más grande, debido a la importancia que se le da a sus acciones. En consecuencia, la responsabilidad que tiene que asumir es mayor y esto hace que D-os sea más meticuloso y estricto con el justo.

A medida que nuestros hijos crecen quieren sentirse más libres y recibir más importancia de parte nuestra, pero ellos no siempre deducen que para recibirla tienen que aceptar y asumir la responsabilidad de sus acciones, porque siempre estas dos palabras, importancia y responsabilidad, deben ir juntas.

Esav nació primero y era el primogénito, y por eso tenía que recibir la importancia como hijo mayor, pero en un momento regresa del trabajo y dice: "He aquí que voy en camino de la muerte y para qué me sirve la primogenitura" (*Génesis* 25:32). ¿Qué implica el argumento de Esav? Con este argumento Esav nos dice: ya estoy cansado de asumir la responsabilidad, de todos modos moriré, entonces, ¿para qué me sirve la primogenitura?, ¿para qué ser responsable? Quiero comer, disfrutar y vivir el momento.

Jacob le dice que no puede seguir siendo el primogénito solo por la importancia, pero de no asumir la responsabilidad, entonces él acepta asumirla, es decir, solo véndeme la primogenitura y así tendré yo la importancia como primogénito y también asumiré la responsabilidad necesaria. Esav acepta y la Torá lo dice en una forma muy clara: "se levantó (Esav) y se fue y despreció la primogenitura" (*Génesis* 25:34).

Tenemos que aspirar a crecer espiritual y personalmente en todos los aspectos de nuestra vida, aspirar a tener una vida de prosperidad, pero debemos estar conscientes de la importancia de asumir toda la responsabilidad de nuestros pensamientos, palabras y acciones. Mientras más importantes somos a los ojos de los demás, más responsables tenemos que ser.

I R A

"Todo aquel que se enoja se considera como si cometiera idolatría" (*Rambam Deot* 2:3), es decir, que la ira es algo muy negativo delante D-os. ¿Por qué?

Cuando uno se encoleriza comete dos errores: principalmente, el hecho de ponerse bravo es perder cualquier control, y así anula la parte humana y prevalece la parte animal. El ser humano se diferencia del animal, que actúa de acuerdo a sus instintos, mientras el humano tiene el intelecto, que le indica cómo puede controlar sus instintos y emociones. Sin embargo, cuando lo controla la ira pierde este control y baja a un nivel incluso inferior al del animal.

¿Por qué comparan la ira con la idolatría? Porque cuando uno se encoleriza pone a su persona en el centro, y el hecho de que los demás no tengan nuestro punto de vista o no obedezcan a lo que uno dice y piensa le causa ira. Y esta es exactamente la esencia de la idolatría, poner en el centro algo que no le corresponde.

Maimónides dice (*Deot* 2:3) que generalmente uno tiene que mantenerse equilibrado en sus cualidades y no estar en los extremos, pero afirma que la ira es uno de los dos defectos que se debe tener en el otro extremo y no permitir ninguna "gota" de ira porque causa lo anterior.

Cuando uno es tolerante y reconoce su lugar, puede controlar la ira y no enojarse con ninguna cosa o persona.

Según Maimónides, el error que cometió Moisés, que por su causa no entró a la tierra de Israel, fue la ira. Cuando el pueblo pidió agua le dijo D-os a Moisés que hablara a la roca para sacar agua, pero cuando Moisés habló al pueblo le dijo "oigan los rebeldes" (*Números* 20:10) y se encolerizó con el pueblo. Por eso no pudo seguir siendo el líder de Israel y llevarlo a la tierra prometida, porque un líder que deja que la ira lo controle no puede tomar las decisiones adecuadas y correctas con paciencia y seriedad. Como ya dije, la ira nos hace perder nuestro estado humano y llevarnos a un nivel inferior del animal.

En el libro *Midot Hareaia-Kaas*, sin embargo, rab Kuk dice que hay un tipo de ira positiva, que se llama "ira de la Torá". Es una ira que proviene de la búsqueda de la verdad y desde la posición de la humildad y no del orgullo, entonces esta ira nos lleva a buenos resultados, poniendo en el centro la búsqueda de la verdad, y no a mí ni a mis intereses.

LEALTAD

Uno de los atributos más resaltantes de D-os es la lealtad y la fidelidad. Este precepto se repite varias veces en el rezo diciendo a D-os "y tú eres fiel…".

Dice el tratado de *Avot* (1:6) "Hazte de un rabino y adquiere un amigo". La *Mishná* utiliza este término "adquirir" con respecto a un amigo porque cuando se trata de amistad hace falta un compromiso de lealtad y fidelidad, porque la amistad no está basada en intereses sino en una relación profunda entre dos amigos y lo que nos confirma esta amistad es la lealtad entre ellos.

La lealtad se refleja en las relaciones entre personas y entre uno mismo con sus principios y creencias. El tratado de *Avot* (5:16) dice que cada amistad que está condicionada a un interés cuando éste desaparezca también desaparece la amistad, pero cuando la amistad no está condicionada por un interés, entonces, aunque éste desaparezca perdura esta amistad, pues ésta es la lealtad que se espera cuando uno forma una amistad con alguien.

Los guibonitas (un pequeño pueblo que habitaba la tierra de Israel en el tiempo que Yehoshua la conquistó) engañaron a Yehoshua e hicieron la paz con él. Cuando él se enteró de que lo habían engañado podía anular totalmente el acuerdo con ellos, pero él dijo: como les di mi palabra, aunque fui engañado tengo que mantener mi promesa y ser fiel y leal con ellos. Acá vemos el nivel tan estricto que el judaísmo nos exige acerca de la lealtad.

De otro lado la fidelidad de nosotros con nuestros principios y creencias tiene que ser más estricta y firme, porque cuando uno está convencido de sus principios entonces debe mantenerlos, incluso en momentos de conflictos y tentaciones. En la vida del pueblo de Israel, la crítica principal de parte de D-os fue la infidelidad de parte del pueblo hacia él. Cada vez que el pueblo fue infiel, las naciones lo respetaban menos y cuando fue más firme, respetando y cuidando sus principios, las otras naciones lo respetaron más.

LIBERTAD

"La persona que se ocupa del estudio de la Torá se considera persona libre" (*Avot* 5:2). Generalmente pensamos que la persona libre es aquella que puede hacer lo que quiere y no hay nadie que le diga qué debe hacer.

La Torá nos enseña que esto no es verdad. La libertad según el judaísmo es cuando uno puede hacer lo que es coherente con sus valores y pensamientos de acuerdo a la ética y el comportamiento correcto con la libertad espiritual, que no deja que nadie ni nada en el mundo pueda esclavizar su mente y persona.

Natan Sharanski (uno de los prisioneros de Sion en Rusia) cuando estaba en la cárcel de Rusia en el momento del juicio dijo al juez: "Aunque mi cuerpo esté esclavizado y encarcelado, mi espíritu siempre será libre porque sigo fiel a mis creencias y principios". Este es el significado de la libertad.

Cuando el pueblo judío estaba esclavizado en Egipto, antes de que D-os los sacara de allí les entrega la *mitzvá* de la santificación del mes, que significa la posibilidad nuestra de santificar el tiempo y llenarlo de contenido positivamente.

D-os insiste en entregar este precepto antes de la salida de Egipto porque quiere transmitir y aclarar al pueblo de Israel el significado de la salida: no es que ahora estarían libres de trabajos y responsabilidades, sino que hasta entonces eran esclavizados por los egipcios y no podían llevar a cabo sus principios, pero en adelante serían libres espiritualmente para poder tomar las decisiones correctas de acuerdo a sus creencias y principios.

Cuando uno toma decisiones ajenas y diferentes a sus valores o de acuerdo a lo que los demás o la sociedad le exigen, quiere decir que no es una persona libre sino esclava de los demás. Pero cuando uno hace lo que cree y lo hace de acuerdo a los principios de su tradición quiere decir que es una persona libre.

La Torá nos enseña a entender lo que es importante y menos importante para que así formemos un orden de prioridad correcto y de acuerdo a éste tomemos decisiones adecuadas, y así realizamos nuestra creencia y adquirimos la libertad espiritual.

Cada día de nuestra vida estamos en esta lucha de hacer lo que creemos o lo que los demás exigen de nosotros. Cuando adquirimos la libertad espiritual y mental en nuestra vida, entonces nos resulta más fácil controlar las tentaciones y también la presión social que nos rodea permanentemente. Así podemos cada uno de nosotros ser más fiel a lo que somos y a lo que creemos.

LIDERAZGO

El pueblo de Israel ha tenido, y sigue teniendo, muchos líderes durante la historia; el más resaltante de ellos fue Moisés, un líder que acompañó al pueblo de Israel desde la salida de Egipto hasta la entrada a la tierra de Israel, a pesar de todas las dificultades y las críticas del pueblo.

Moisés nos enseña que la primera característica necesaria para el liderazgo es que el líder entienda que él está para atender y servir al público, y no para que éste le atienda a él. Por eso, todo lo que él tiene como horizonte es el bien y el beneficio del colectivo que está guiando y dirigiendo, porque cree y confía en su pueblo y congregación. Así fue Moisés, quien incluso tuvo que enfrentarse a D-os y exigirle que perdonara al pueblo o borrara su nombre del libro de la Torá.

Como dice el versículo (*Números* 16:22), "El D-os de los espíritus", y dice Rashi que Moisés pidió a D-os que nombrara una persona que tuviera la capacidad de entender a cada uno de acuerdo a su personalidad y hablarle en su "idioma".

La segunda característica es la sensibilidad. Para nosotros, el rasgo de la personalidad adecuada y digna de Moisés para dirigir al pueblo judío es el hecho de que él tuvo sensibilidad por haber sido pastor de ovejas. Esto le dio la compasión y dedicación necesarias, que incluso cargó una oveja herida devolviéndola al ganado. Con esta sensibilidad puede atender al colectivo y a cada uno según sus necesidades de acuerdo a su personalidad.

La tercera es la posibilidad y el coraje de reconocer sus errores. El profeta nos relata que el rey Saúl luego de no haber cumplido completamente la orden divina en la guerra contra Amalek fue remplazado, sin embargo el rey David, quien cometió el error con Bat Sheva y su esposo, no fue remplazado. ¿Por qué no fue remplazado?

Incluso si comparamos los errores, supuestamente el error de David fue más grave que el de Saúl, pero la diferencia es que David reconoció su error inmediatamente, lo que no hizo Saúl. Por eso el profeta, que vio que Saúl no reconoció su error ni asumió su responsabilidad, lo remplaza por orden divina, mientras David, a pesar de su error, gracias a haberlo reconocido, mantuvo su lugar. Esta es la importancia del reconocimiento del error.

La petición de Moisés antes de morir fue que D-os encontrara un líder que tuviera dichas características de manera adecuada para poder liderar al pueblo de Israel.

MATRIMONIO

"Por eso el varón dejará a su padre y se unirá a su mujer y serán una sola carne" (*Génesis* 2:24).

Después de la creación del hombre y la mujer la Torá nos enseña el significado del matrimonio y la unión entre el hombre y la mujer.

La Torá nos aclara que la unión del hombre y la mujer no es solo una unión carnal, sino que esta unión es consecuencia de una unión más elevada; es una unión espiritual, no solo de dos cuerpos, sino de dos almas.

Cuando el hombre se casa con una mujer en este momento se da la unión de dos "medias almas" que logran unirse y formar un alma completa. En el judaísmo el matrimonio tiene un significado espiritual de amor, pero no solo físico sino amor de dos "medias almas" que logran el complemento y la perfección entre los dos.

Uno de los principales obstáculos del vínculo matrimonial es cuando la pareja no se concientiza de que el matrimonio es un complemento de uno por medio del otro, y por eso no debe haber competencia entre los dos. Las discusiones en su mayoría de veces son para mostrar y fijar quién tiene más poder y autoridad en la casa, sin embargo, el judaísmo nos enseña que los dos tienen un objetivo en común por lograr.

Hay que entender que la unión de la pareja forma una realidad nueva con un alma completa y así logramos comprender lo que dicen nuestros sabios: "A los novios se perdonarán todas sus faltas en su día de matrimonio". Se preguntarán qué significa y por qué.

Según la explicación, se entiende que hasta el día del matrimonio cada uno de los novios era media alma y una persona individual, pero el día del matrimonio deja de ser la misma persona y se crea una nueva realidad, donde se unen dos medias almas. Así pasan a ser una sola alma y se considera que la del pasado se borra y empieza algo totalmente nuevo. Por eso el matrimonio en el judaísmo se llama *kidushín*, que significa "consagración", porque implica el hecho sagrado y espiritual de la unión de almas para la creación de una nueva realidad.

También en el matrimonio se exige que haya una adquisición de parte de los novios, porque el concepto "adquirir" significa un compromiso incondicional y firme entre los dos.

MISERICORDIA

La *Guemará* (*Betza 32A*) dice que la descendencia del patriarca Abraham es misericordiosa, humilde y bondadosa. Es decir, que estas tres cualidades son la esencia del pueblo de Israel, y cada uno tiene que desarrollarlas y perfeccionarlas.

La misericordia está entre el rigor y la bondad. Significa que el rigor es que den o hagan por uno solo exactamente lo que merece; de otro lado, la bondad es dar con abundancia, aunque no lo merezca, mientras la misericordia es dar más de lo exacto pero en forma moderada y con límite.

Con frecuencia pensamos que dar sin límites es lo mejor, pero muchas veces por dar sin límites causamos luego más daño que beneficio, por eso, necesitamos esta cualidad, que es la misericordia, que balancea la bondad y el rigor. Con la misericordia uno puede analizar y controlar su deseo de hacer bien al otro para asegurar que el resultado sea positivo, y así la misericordia siempre va a buscar el bien del otro, pero en forma controlada y no impulsiva.

Dicen nuestros sabios que cuando esta cualidad es manejada en forma emocional, entonces uno puede llegar a equivocarse, pues "quien es misericordioso con los crueles llega a ser cruel con los misericordiosos". Y esto lo vemos todos los días. Cuando no sabemos manejar bien esta cualidad tan importante como delicada, entonces le damos mal uso, lo que puede causar daños más grandes.

Como un ejemplo vemos la actitud del rey Saúl, quien cuando salió a la guerra contra Amalek recibió la orden de exterminar a todos, pero no lo hizo porque tuvo lástima de los animales y los demás. Sin embargo, posteriormente cuando persiguió a David, al enterarse de que los *cohanim* de la ciudad de Nov habían ayudado a David dándole comida y armas (ellos no sabían que Saúl perseguía a David y pensaron que éste todavía estaba con Saúl), entonces fue y mató a toda la ciudad de los *cohanim* con mucha crueldad. Esto es exactamente lo que dijeron nuestros sabios, que él tuvo misericordia con los de Amalek, que eran crueles, y al final fue cruel con los *cohanim*, que eran misericordiosos.

Por eso, la misericordia y el ser estricto no se contradicen, sino que algunas veces la misma misericordia exige ser estricto, porque lo que buscamos siempre es el bien de la persona o el colectivo.

La palabra "misericordia" se dice en hebreo *rajamim*, que viene de la palabra *rejem*, que significa "vientre", es decir, que la misericordia nos ayuda a sacar el potencial y hacer "parir" y procrear de todo a lo que nos enfrentamos.

La misericordia es el elemento que puede hacer el bien verdadero a los demás y a nosotros mismos.

OCIO

Actualmente muchos se preguntan qué hacer en el tiempo libre. ¿Qué contestaría el judaísmo a esta pregunta? Para contestar esta pregunta lo primero que debe hacerse es analizar si el concepto "tiempo libre" existe en el judaísmo.

El término "tiempo libre" significa según nuestra sociedad un tiempo en el que no hay ninguna ocupación, es un espacio vacío y por eso es "libre", pero en el judaísmo no hay un tiempo vacío porque cualquier momento hay que llenarlo de contenido y usarlo en forma positiva. El tiempo es aprovechado y de lo contrario está perdido, es decir, uno es dueño y administrador de su tiempo para llenarlo de contenido y usarlo adecuadamente en algo importante y útil.

La primera *mitzvá* que D-os otorgó al pueblo de Israel como colectivo antes de la salida de Egipto fue la *mitzvá* de santificar el mes y de acuerdo a este precepto fue formado y establecido el calendario judío, en otras palabras, el primer precepto ordenado a Israel fue la santificación del tiempo.

Esta *mitzvá* vino a enseñar al pueblo de Israel que la salida de Egipto nos sacó de la esclavitud a la libertad, pero no solo física sino espiritualmente, lo que significa que hay que controlar el tiempo y llenarlo de contenido, y ese el primer paso de la libertad.

Entonces, "tiempo libre" significa tiempo vacío y perdido, y esto no existe ni es permitido en el judaísmo. Por eso cada uno tiene que ver y buscar cómo llenarlo de contenido y aprovecharlo de la mejor manera y así llenar de contenido la vida.

Dicen nuestros sabios que los justos aunque estén muertos físicamente se consideran vivos y los malvados aunque estén vivos físicamente se consideran personas muertas. Porque la vida y la muerte espiritual no se miden únicamente por lo que uno vive físicamente, sino por el contenido que uno lleva y llena en su vida.

La mayor y más grave fuente de impureza es la muerte, porque en este caso ya no hay contenido espiritual y por eso mora la impureza. Cada vez que tenemos momentos de falta de acción y de contenido activo y positivo, entonces mora la impureza. Por ejemplo, cuando dormimos en la noche por falta de espiritualidad mora sobre nosotros la impureza y cuando nos despertamos tenemos que lavar las manos para quitar esa impureza. ¿Por qué las manos? Porque las manos representan el órgano de la acción y en la noche por falta de acción y contenido nos convertimos en receptores de la impureza. Por eso en la mañana hay que lavar las manos y así prepararlas para la acción positiva y el contenido.

De ahí la respuesta a la pregunta del inicio sobre qué haces en tu tiempo libre. El "tiempo libre" lo llenamos de contenido, de uso y utilidad adecuados y correctos para tener cada vez más tiempo y aprovecharlo.

Dice el versículo "y estos son los días de años de vida de nuestro padre Abraham…" (*Génesis* 25:7).

Los sabios explican que el versículo especifica días y años para decir que Abraham llegó delante de D-os con todos los días de su vida llenos de contenidos y acciones.

ORGULLO

Uno de los defectos más rechazados por D-os y el judaísmo es el orgullo. El rey Salomón dice "seis son las cosas que el Eterno odia… los ojos altivos" (*Proverbios* 6:16-17), es decir, el orgullo.

Maimónides en varios lugares habla sobre el equilibrio espiritual y ético del ser humano y dice que siempre hay que buscar el camino del centro, pero cuando habla del orgullo dice que en este caso se debe ir al otro extremo y alejarse totalmente de éste. ¿Por qué es tan grave el orgullo?

No es solamente que la persona se sienta superior a los demás y no valore al prójimo, al punto de tener un comportamiento negativo e irrespetuoso, lo cual es muy grave, sino también con respecto a sí mismo. Porque cuando uno es orgulloso nunca ve sus defectos ni debilidades, y por tanto nunca logrará corregir sus fallas como persona en ningún aspecto. El judaísmo siempre trata de evitar cualquier obstáculo que pueda impedir el acto de introspección, y uno de estos impedimentos es el orgullo.

El orgulloso no solo no ve sus defectos, sino que también

empieza a convencerse de que todo está bien en él y que merece su posición. Por eso empieza a exigir honores y estatus que no le corresponden.

El peligro es que la persona orgullosa presenta una persona que no es, y esto puede causar un daño muy grande, porque la sociedad no conoce su personalidad verdadera y así la gente se confunde y puede recibir mensajes y orientaciones equivocadas y erradas.

El *Midrash* relata que D-os ofreció al rey Yerovaam (uno de los reyes más idólatras de Israel) que hiciera *teshuvá* (arrepentimiento) de todo lo que había hecho y D-os le perdonaría y él, el rey David y D-os pasearían en el paraíso. Le preguntó Yerovaam a D-os: "¿Quién va a ser primero, David o yo?". Le contestó D-os que David iba a ser primero, entonces dijo Yerovaam: "Si es así, no quiero". Acá vemos que el orgulloso está dispuesto a perder todo su mundo espiritual solo por el orgullo.

La otra consecuencia es que con el orgullo no puede ser entendida la Torá ni sus mensajes en forma objetiva. Nuestros sabios dicen que la Torá no mora en lo que es arrogante; como el agua (es la comparación de la Torá) reposa únicamente en los lugares bajos, la Torá solo reposa en las personas humildes, porque solo ellas podrán anular su pensar delante del "pensar" de D-os y entenderlo verdaderamente.

PACIENCIA

En la vida la paciencia nos puede ayudar a evitar muchos problemas y conflictos. La paciencia se adquiere mediante el dominar la impulsividad, y en su lugar pensar y analizar antes de tomar una decisión o realizar una acción.

El tratado de *Avot* (1:1) dice en nombre de Shimón el justo: "Sed circunspectos en el juicio, forma muchos alumnos y haz un cerco a la Torá".

Ser circunspecto significa que cuando se quiere tomar una decisión o fijar un veredicto hay que pensarlo muy bien y tener mucha paciencia antes de tomar una decisión. Cuando uno actúa de esta manera tiene la posibilidad de formar numerosos alumnos porque ven que no toma decisiones a la ligera sino con mucha concentración y seriedad, y así también puede ponerle límites y cercos a la Torá, porque a través de su forma de tomar decisiones y actuar con paciencia adquirió su confianza.

La paciencia no es solo con respecto a nuestra reacción, sino también con respecto a nuestro crecimiento personal y espiritual. En la vida no se puede saltar etapas, sino que se debe tener mucha paciencia para poder subir un escalón tras otro hasta lograr el crecimiento en todos sus aspectos. Es lo que dice la *Mishná*: "A los cinco años de edad se debe empezar el estudio de las escrituras, a los diez la *Mishná* (…)" (*Avot* 5:22). Es decir, que hay un orden de estudio y crecimiento y para llevarlo a cabo hace falta mucha paciencia.

Cuando uno compara el desarrollo del hombre y del animal, ve que al principio el animal avanza mucho más rápido que el hombre. En esta etapa uno puede pensar que el animal supera al hombre, pero después de un tiempo largo vemos que el animal llega a un punto donde se detiene, sin embargo, el hombre en forma lenta y firme sigue avanzando y progresando. Porque el ser humano tiene mucho para hacer y lograr, pero lo hace de acuerdo a su velocidad, con mucha fe y paciencia, y al final logra su objetivo de la mejor manera posible.

PAZ - VERDAD

La palabra "paz" (*shalom*) la utilizamos en muchas ocasiones, cuando rezamos, cuando queremos desear un saludo en Shabat, a una pareja y mucho más.

¿Qué significa la palabra "paz"? En el rezo decimos "los sabios de la Torá aumentan la paz en el mundo". Surge la pregunta sobre cómo ellos aumentan la paz si siempre tienen discusiones, siempre hay varias opiniones sobre cualquier tema. Esta pregunta surge porque pensamos que paz significa tranquilidad, armonía, ausencia de discusiones, etc., pero la paz no significa esto. Rab Kuk (*Olat Reia* 1, pág. 334) dice que paz significa verdad, es decir, que la paz es cuando cada uno encuentra y acepta su función personal e individual dentro del colectivo, y así descubre la verdad.

Cuando los sabios discuten un tema y cada uno tiene una opinión, esta es la paz, porque ellos buscan la verdad por medio del análisis de cada opinión hasta que logran aclarar y definir la verdad.

Cuando deseamos a alguien la paz significa que le deseamos que todas sus fuerzas estén en acuerdo y cada una de ellas cumpla su parte y su función para tener paz interna y completa en su persona.

Cuando le deseamos paz a una pareja en el hogar significa que cada uno de ellos conoce y acepta su función en la formación del hogar, y así cada uno va a complementar al otro y de esta manera se consigue la paz.

Cuando deseamos paz en el mundo implica que cada nación reconoce su parte en el plan universal y juntos consiguen realizarlo, y de esta forma se logrará la paz en el mundo.

Por eso, aun cuando haya discusiones hay que tener tolerancia y respeto mutuo con la intención de buscar la verdad, y no tratar de lograr que me den la razón sin importar nada más. Así uno viene con la mente abierta a escuchar a la otra persona y tomar la parte de verdad en su opinión y juntarla con nuestra verdad, y de este modo se logra obtener la verdad y paz completas.

La paz no es falta de guerra y discusión, sino búsqueda de la verdad por medio de diversas opiniones.

REALIZACIÓN PROPIA

"Si no estoy para mí, quién estará" (*Avot* 1:14). Cuando D-os creó el mundo y al ser humano, los creó en una forma que tenemos que buscar nuestra perfección personal y espiritual.

Uno de los obstáculos más grandes del ser humano es que no hace lo que él quiere o lo más adecuado para sí mismo, sino que hace lo que la sociedad quiere que él haga, y por eso muchas veces uno no está contento consigo mismo ni con lo que hace. Por esto la Torá nos enseña que cada uno tiene que convencerse y ver qué es lo mejor para sí de acuerdo con su persona y talento.

Dicen nuestros sabios que "en la misma forma como somos diferentes físicamente así somos diferentes esencial y personalmente". En otras palabras, cada uno de nosotros es una creación especial y única que tenemos que realizar. La alegría, la paz interna y el equilibrio de cada uno de nosotros están relacionados totalmente con el nivel de nuestra realización propia en todos los aspectos: espiritual, personal y profesional.

Muchas veces pensamos que hay que educar y formar a los hijos y personas de la misma manera, pero es un grave error porque no somos iguales. Obvio que tenemos la misma meta y, objetivo de realizarnos como personas, pero el camino debe ser de acuerdo a cada quien, diferente e individual, y solo así podemos llegar a la máxima realización propia.

El Rebe de Kotzk dice: "Si yo soy yo porque tú eres tú, y tú eres tú porque yo soy yo, entonces yo no soy yo y tú no eres tú, pero si yo soy yo porque yo soy yo y tú eres tú porque tú eres tú, entonces yo soy yo y tú eres tú".

Algunas veces uno llega a pensar que si está contento con lo que hace entonces es feliz, pero desde el punto de vista judío nos enseñan que no es suficiente estar contento con lo que hago, sino que tengo que verificar y reconfirmar que lo que hago es lo más apropiado para mí de acuerdo a mi personalidad. Por eso uno tiene que buscar la ocupación que más lo lleva a su realización propia.

Rab Zeev Karov z"l dice que con respecto a la educación de los hijos existe el concepto de *honestidad educativa*. Significa que cuando D-os nos da a los hijos tenemos que ser honestos y fieles con nosotros mismos de educarlos adecuadamente de acuerdo a la personalidad de cada uno, y no hacer lo que yo quiero que mi hijo sea, sino lo que él tiene que ser de acuerdo a su talento y condiciones de su personalidad. En caso de no hacerlo, entonces falla en la honestidad y fidelidad de su misión como padre o madre.

La realización propia es el único camino para lograr la alegría y la felicidad.

RECONOCIMIENTO DE LOS ERRORES

"Ciertamente no hay en la tierra hombre justo que haga el bien y no peque" (*Eclesiastés* 7:20).

El rey Salomón nos enseña que no hay una persona sobre la tierra que no cometa errores, sin embargo, lo importante es reconocer los errores y enfrentarlos. En el judaísmo la principal crítica no es con respecto al error sino por la falta de reconocerlo y corregirlo "pues, aunque el justo cayera siete veces, él se levantará" (*Proverbios* 24:7). Es decir, que el justo no pierde su título por equivocarse sino por no levantarse después de la equivocación. En caso de levantarse, entonces a pesar del error cometido todavía es llamado justo. Evitar el error es casi imposible, solo hay que reconocerlo para enfrentarlo y corregirlo y así poder progresar y avanzar.

Una vez más, la historia de los reyes Saúl y David ilustra la importancia de reconocer el error cometido. El rey Saúl no cumplió la orden divina de exterminar al pueblo de Amalek. Cuando el profeta vino a reclamarle, Saúl no reconoció su error, sino que le echó la culpa al pueblo y dijo que éste no quiso exterminarlo. Por otro lado, cuando el rey David cometió el error con Bat Sheva, el profeta vino a reclamar a David por todo lo que hizo, y la primera palabra que dijo David fue "pequé", reconociendo el error.

Si comparamos entre el error de David y el de Saúl, podríamos decir que el error de David es más grave, pero el profeta por orden divina destituyó a Saúl como rey de Israel y a David no. ¿Por qué? Porque Saúl, aunque cometió un error menor, no reconoció su error, mientras David lo reconoció enseguida. Por eso, David no fue remplazado, sin embargo, Saúl sí lo fue.

Vemos la importancia del reconocimiento del error porque así uno sabe a qué tiene que enfrentarse y como solucionarlo.

La primera etapa de la *teshuvá* es el reconocimiento del error y el arrepentimiento, porque sin esta etapa es imposible seguir y avanzar para no caer en el autoengaño sino lograr sinceridad y transparencia con uno mismo.

A veces la sociedad ve en el error una debilidad, de la misma forma que ve debilidad en reconocerlo, y por eso uno trata de esconder sus errores, pero vemos que es totalmente lo contrario: la grandeza de una persona es aceptar sus errores, asumir la responsabilidad y las consecuencias y tratar de corregirse y seguir avanzando.

RENOVACIÓN

Uno de los principales obstáculos en el crecimiento espiritual y personal es la costumbre y la rutina. Cuando uno repite lo mismo muchas veces, con el tiempo se pierde el sentido y la emoción en el momento del cumplimiento de los preceptos o en el momento de ocuparse de una obra o acción.

El rey David dice "Una sola cosa pido a D-os y esta la suplico, que more yo en la casa de D-os todos los días de mi vida, para contemplar la gloria de D-os y para visitar su templo" (*Salmos* 27:4).

Cuando analizamos la petición del rey David notamos que al principio él dice que va a pedir una sola cosa y al final pide dos, y también en las dos cosas que pide se contradice, porque de un lado dice que quiere morar permanentemente en la casa de D-os, pero después dice que quiere visitar su templo; si él está ahí permanentemente entonces no necesita visitas y si tiene que visitar entonces no estará ahí.

Nuestros sabios explican que la petición del rey David es una sola, es decir, de un lado quiere sentir que mora en la casa de

D-os fijamente, pero no quiere que esta rutina le quite la emoción y el sentido. Por eso, pide que cada vez que esté en el templo, quiere sentir como si fuera la primera visita, que pueda llenarle de emoción.

Esto nos enseña la importancia de siempre mantener la llama de la emoción en nuestra vida espiritual y personal, para poder aprovechar y disfrutar de cada acción, utilizarla adecuadamente y dejar en nosotros la enseñanza que nos transmiten los preceptos.

Uno de los motivos de la *mitzvá* de pureza familiar es mantener esta llama de emoción en la pareja. Esta renovación hace que el encuentro tenga cada vez la emoción y el sentimiento de la primera vez.

La renovación en nuestra vida es muy importante, obviamente sin cambiar la esencia ni los principios, pero sí trabajar que la rutina no quite el "alma" de la acción y la convierta en una acción mecánica, sin contenido emocional ni espiritual.

REPROCHE

"Ciertamente reprocharás a tu prójimo para que no lleves pecado por su causa" (*Levítico* 19:17).

En este versículo la Torá nos enseña la responsabilidad que tenemos mutuamente el uno hacia el otro, que incluso cuando uno ve que su prójimo comete un error tiene la obligación de reprenderlo. ¿Por qué? Por un lado las acciones de cada uno tienen un efecto no solo sobre él en particular, sino que tienen un efecto general sobre los demás y sobre el mundo. Debido a la preocupación y la responsabilidad que tenemos sobre el mundo no podemos quedarnos quietos y por eso nuestro deber es llamar la atención a quien cometió el error.

De otro lado, el reproche es porque queremos tanto a nuestros semejantes que deseamos el bien para ellos, y por eso cuando vemos que cometen un error los reprochamos para que corrijan sus faltas, pues como dice el versículo, "Quien retiene su reproche odia a su hijo, pero quien lo ama desde su albor lo reprenderá" (*Proverbios* 13:24).

Como vemos, el reproche no es una consecuencia de odio sino de amor y preocupación, que incluso dice el rey Salomón que cuando uno deja de reprochar a su hijo significa que no le importa ni lo ama.

De acuerdo a lo anterior, entendemos que para reprochar hace falta que se cumplan dos condiciones principales:

Que la persona que reprocha tenga la autoridad moral para reprochar, puesto que si nuestro objetivo es causar un cambio en la persona que se equivocó, ¿cómo me va a escuchar y cómo puedo yo generar y causar el cambio deseado si no tengo la autoridad moral para reprochar? Por eso cuando tengo la autoridad moral mis palabras pueden llegar a la persona y causar el cambio que queremos.

Que la persona esté dispuesta a recibir un reproche, porque si no es así, aunque mis palabras y reproches sean adecuados y verdaderos, no hay un receptor que los reciba. En consecuencia, no hay ninguna transformación en la persona que cometió la equivocación y por eso no se logra ningún resultado.

Dice el rey Salomón, "no reproches al payaso porque te va a odiar" (*Proverbios* 9:8). El rey Salomón nos enseña que cuando el reproche no puede causar su efecto es mejor no hacerlo, porque puede producir un resultado contrario. Así dicen nuestros sabios, "de la misma manera que tenemos que decir algo que sabemos que va a ser escuchado por los demás y va a ser aceptado, tenemos la obligación de quedarnos callados cuando sabemos que no va a ser escuchado y aceptado por los demás" (*Jevamot* 65B).

En conclusión, el precepto de obligarnos a reprochar es para causar un cambio y efecto positivo en la persona que cometió la equivocación a fin de mejorarlo y perfeccionarlo.

RESPETO

"¿Quién es respetable? Aquel que respeta a sus semejantes" (*Avot* 4:1).

El respeto se refleja en varios aspectos; no es solo respetar a la persona como criatura de D-os, sino también su opinión, con consideración y tolerancia. La Torá nos enseña que por el hecho de que el ser humano fue creado por D-os tenemos que respetarlo, como dice el tratado: "El ser humano es querido por D-os porque fue creado a su imagen" (*Avot* 3:18).

El judaísmo hace mucho énfasis en el respeto hacia los demás y la Torá nos ordena respetar y no menospreciar ni al ser vegetal ni al ser vivo, todo esto para que respetemos al ser humano. ¿Por qué es tan importante? Porque cuando uno sabe respetar al prójimo, está dispuesto a recibir y aprender de los demás, pues lo está valorando como persona, y así podemos influenciar en los demás y ser influenciados por ellos.

La *Mishná* (*Avot* 4:3) dice "no desprecies a ninguna persona porque cada uno tiene su momento".

Cuando sabemos respetar al prójimo nos estamos respetando a nosotros mismos y nos apreciamos como somos para perfeccionarnos.

El respeto al ser humano es fundamental en el judaísmo porque solo así podemos desarrollar nuestra tradición y cultura. Como dice la *Mishná*, "¿Quién es sabio? Quien está dispuesto aprender de cada uno" (*Avot* 4:1).

La *Guemará* nos relata que 24 mil alumnos de rabí Akiva murieron entre Pésaj y Shavuot; nuestros sabios nos dicen que esto sucedió porque no había mutuo respeto, es decir, que no tenían en cuenta la opinión de los demás, por eso, el judaísmo nos enseña que el respeto hacia los demás es el valor y aprecio que se le da a cada persona junto con su opinión.

Nuestros sabios dicen "cuando las palabras de los sabios se dicen con tranquilidad y respeto van a ser escuchadas" (*Eclesiastés* 9:17).

Cuando hay respeto mutuo y tolerancia entonces hay predisposición de recibir y escuchar al otro, como dice el proverbio: "En la misma forma como la cara se refleja en el espejo, así se refleja el corazón de uno por el otro", es decir, que el mismo sentimiento y respeto que uno brinda a su semejante se refleja en su prójimo hacia él. Esta es la base de una sociedad sana y respetuosa.

SENSIBILIDAD

Una de las principales metas del judaísmo es llevarnos a adquirir sensibilidad, que no solo nos enseña cómo respetar a los demás, sino también cómo apreciarlos y valorarlos.

El tratado de *Avot* dice: "No desperdicies hombre alguno ni descartes cosa alguna, pues no hay hombre que no tenga su hora, pues no hay cosa que no tenga su lugar" (*Avot* 4:3).

Este tratado nos enseña que tenemos que tener la sensibilidad suficiente para apreciar al semejante, porque cada uno tiene algo que dar, aportar y enseñar. Nosotros tenemos que estar dispuestos a aprender de los demás, pero para hacerlo debemos apreciar y valorar al otro y así nuestra mente estará abierta al aprendizaje.

El tratado nos enseña que ni aun a los objetos hay que descartarlos y la Torá nos prohíbe desperdiciar. Al seguir este tratado se puede entender la razón, que es que no puede ser que D-os haya creado algo que no tenga un uso, y más cuando se trata de un ser humano.

La Torá nos prohibe maltratar a los animales y uno de los motivos es para adquirir la sensibilidad sobre el ser vivo, con esto llegamos al respeto del ser humano. La sensibilidad humana es uno de los pilares del judaísmo para poder llevar una sociedad correcta.

Una vez rab Kuk paseaba con su alumno rab Arie Levin, quien distraídamente, mientras hablaba con su maestro, arrancó una hoja de un árbol. En este momento rab Kuk le gritó "Asesino". Cuando rab Arie Levin le preguntó la razón para llamarlo así, "¿Qué hice?", rab Kuk contestó: "Porque quitaste la vida a una hoja sin ninguna necesidad, porque en todo momento hay que tener sensibilidad incluso por una hoja, que también tiene vida".

Los líderes de Israel, desde Moisés hasta el rey David, eran pastores de ganado, atendiéndolo en forma dedicada. Esta ocupación ayudó a los líderes del pueblo a adquirir la sensibilidad de cómo tratar al animal y cómo utilizarla adecuadamente con el ser humano y la sociedad.

"Todo aquel que obtiene las siguientes cualidades se considera hijo de nuestro padre Abraham: misericordiosos, humildes y bondadosos" (*Guemará Betza* 32B).

SUPERACIÓN

"Si no estoy para mí, quién estará" (*Avot* 1:14). Nuestros sabios siempre nos enseñan que en la vida cada vez se nos presentan conflictos y obstáculos que tenemos que superar, pero la superación no es solo para evitar o solucionar el problema, sino también para poder crecer por medio de ellos en todos los aspectos de mi persona.

La *Mishná* dice que D-os probó al patriarca Abraham. ¿Por qué las pruebas? Porque es la única manera de formar a un Abraham, es decir, que lo que hicieron las pruebas fue "pulir" y perfeccionar a Abraham y con cada prueba que supero subió un escalón más. Como dicen nuestros sabios, en hebreo la palabra *prueba* se pronuncia igual que la palabra *elevar*, es decir, que cada prueba que superamos nos causa una elevación espiritual.

"D-os nos pone a prueba solo si él sabe que podemos superarla" (*Midrash Rabá*).

Obviamente que uno quiere evitar los conflictos, como decimos en el rezo de la mañana: "No nos sometas a ninguna prueba y a ningún desprecio". Es decir, que si no superamos las pruebas podemos llegar a un desprecio, pero cuando ya se nos presentó una prueba hay que aprovecharla para la superación y el crecimiento.

"Cada cual que es espiritualmente más grande que su compañero, su instinto negativo es mayor" (*Guemará Sucá* 52a). ¿Qué significa? Que cada vez que nos elevamos espiritualmente crece nuestro instinto negativo. Explican que cada vez que subimos de nivel espiritual hace falta un instinto negativo mayor y un conflicto más grande para hacernos equivocar, es decir, que cada superación que tenemos hace crecer y fortalecer nuestros principios y valores.

La superación es un eje fundamental en nuestra tradición porque el judaísmo siempre nos motiva a llegar a la máxima realización propia, y esto se logra únicamente con la superación y el crecimiento.

La *Guemará* (*Avodá Zará* 17a) relata sobre una persona llamada Elaazar ben Dordia, que había transgredido muchos preceptos. Cuando reflexionó y quiso retornar, dice la *Guemará* que se dirigió al cielo y le pidió que rezara y pidiera perdón por él. Le contestaron los cielos que ellos no podían ocuparse de él, y así pidió a la montaña y a los demás y recibió la misma respuesta. Al final se dijo: "Todo depende únicamente de mí", puso la cabeza entre sus rodillas y empezó a llorar hasta que entregó su vida. Este relato nos enseña que a veces uno quiere que otras personas solucionen nuestros problemas y que asuman las consecuencias de nuestras acciones, pero no debemos perder de vista, como Elaazar ben Dordia, que todo depende de nosotros. Para crecer hay que tener esta forma de pensar, lograr la superación para poder enfrentar los conflictos que nos presenta la vida y así asumir las consecuencias de nuestras acciones, corregir los errores y fortalecerse para continuar avanzando.

TOLERANCIA

"No desprecies hombre alguno… pues no hay hombre que no tenga su hora" (*Avot* 4:3).

El judaísmo nos enseña que aunque no estemos de acuerdo con alguien tenemos que respetarlo y respetar su opinión, incluso si rechazamos su manera de pensar, debemos darle a su opinión el derecho de existencia porque nadie excepto D-os tiene la verdad absoluta.

El tratado nos enseña que en cualquier opinión hay algo que nos puede enseñar y por eso no hay que despreciar persona ni opinión alguna. Dice rab Kuk (*Orot* pág. 85) que "los malvados en el mundo son como la levadura al vino"; significa que, aunque la levadura se saca y se desecha al final, sin ella el vino no puede fermentarse. Así es también con la parte espiritual, sin los malvados y sus pensamientos negativos es imposible que el mundo avance y profundice en sus conceptos; los malvados causan la "fermentación" de los pensamientos. Con más razón aún, cuando las opiniones no son malvadas hay que respetarlas y darles el derecho de existir.

Algunas veces la tolerancia se interpreta como debilidad, porque ven que uno no puede luchar o anular estos pensamientos opuestos, pero es exactamente lo contrario, porque la tolerancia muestra que no temo la otra opinión y la respeto, aunque no la comparto, con argumentos y fundamentos. Cuando anulo las demás opiniones, muestro que les tengo miedo y preocupación porque no tengo los suficientes argumentos para refutarlas, y por eso la falsa forma de contradecirlas es no tolerarlas.

Dice el tratado "¿Por qué mencionan la opinión del sabio Shamai con la del sabio Hilel si ya fijaron la *Halajá* como Hilel? Porque quieren enseñar a todas las generaciones que uno no debe ser intolerante con el otro, que vimos que también los sabios de Israel como Shamai y Hilel aceptaron y toleraron una opinión opuesta a lo de ellos…" (*Eduyot* 1:4).

En este tratado nuestros sabios nos enseñan sobre la importancia de la tolerancia sin perder los criterios de cada uno y así poder también aprender del otro, aunque no estemos de acuerdo con él. "¿Quién es el respetuoso? Aquel que respeta a sus semejantes" (*Avot* 4,1).

TRABAJO

Dice la Torá "seis días trabajarás..." *(Shemot* 20:8). Nuestros sabios explican este versículo no solo como relato sino como una orden divina y una obligación, es decir, que el trabajo en el judaísmo no es opcional sino un deber. ¿Por qué?

Llegamos a pensar que el trabajo es solo para mantener el hogar, pero la Torá nos enseña que no es así. El trabajo en el judaísmo tiene tres objetivos principales:

Por medio del trabajo me conecto al mundo que fue creado por D-os y así me "asocio" con D-os en la creación, aporto mi perfeccionamiento al mundo y fortalezco mi sentido de pertenencia a D-os y a su plan universal.

El trabajo es una herramienta fundamental para llegar a mi realización propia de acuerdo a mi talento y profesión. La meta de cada uno de nosotros es poder realizar nuestro máximo potencial en todos los aspectos y el trabajo es la mejor herramienta para lograrlo. Por eso, el trabajo no es solo para tener un ingreso sino también para poder aportar mi parte de acuerdo a mi persona y así llegar a la realización propia de la mejor forma.

"Cada Torá que no está combinada con el trabajo, no va a perdurar" (*Avot* 2:2). El tratado de *Avot* nos enseña que hay que combinar la Torá con el trabajo, porque así uno puede no solo estudiar la Torá en forma teórica sino también "bajar" y ejecutar estas ideas en nuestra propia vida, es decir, que la forma de convertir las ideas en práctica es el trabajo.

La única manera de adquirir las ideas de la Torá es por medio del trabajo y la ejecución práctica. Por eso dice el tratado que cuando no se une la Torá con el trabajo incluso la Torá misma no perdura, porque la parte teórica que no se lleva a la práctica se pierde, y así es con la Torá y también con sus ideas.

Por esto la Torá nos ordena "seis días trabajarás", la orden y obligación para poder lograr lo anterior.

TRADICIÓN

"Recuerda los días de la antigüedad. Considera los años de muchas generaciones, pregunta a tu padre y él te informará, a tus ancianos y te lo dirán…" (*Devarim* 32:7).

La Torá nos enseña la necesidad y la obligación de vincularnos siempre con nuestros antepasados y con la tradición judía para desarrollar y fortalecer el judaísmo hoy en día.

Muchas veces pensamos que tenemos que renovarnos y por eso lo más actualizado es lo más correcto. Esto puede ser cierto en todo lo demás excepto en la práctica del judaísmo. Toda renovación tiene que buscar un soporte y apoyo de una información antigua, porque en el judaísmo lo más antiguo tiene más valor y peso, pues está más cerca de la entrega original de la Torá.

En el judaísmo la tradición y la conexión con el pasado son fundamentales, porque son la manera de conocer y reconocer nuestras raíces y bases judías e históricas.

Nuestros sabios relatan que una vez pasó el emperador Napoleón y vio a un judío sentado en el piso y llorando. Napoleón le preguntó: "¿Por qué lloras?" y el judío contestó que lloraba porque le destruyeron la casa. Se refería al segundo templo. El emperador le pregunta que cuándo sucedió y él le contesta que hacía 2000 años. Dijo Napoleón: "Ahora entiendo por qué el pueblo de Israel todavía existe, y es que aún está vinculado con su pasado", y concluyó: "Un pueblo que no recuerde su pasado nunca tendrá futuro".

En el judaísmo debemos recordar nuestra tradición para poder fortalecer el presente y formular el futuro.

En la información general, como psicología, medicina o tecnología, mientras más actual y nueva es la información, más importante y valedera es. En el judaísmo sucede lo contrario: mientras más antigua es la información, más cerca está del origen, de la entrega de la Torá, por eso es más verdadero y fiel al original; por eso tenemos que siempre conectarnos con nuestras raíces y antepasados.

De la misma forma, la tradición es una de las columnas que sostienen el judaísmo. La parte práctica de la tradición, ya sean las leyes, las costumbres o los diferentes rituales, mantiene vivo el judaísmo en nuestro hogar.

TZEDAKÁ

Sobre la *mitzvá* de *tzedaká* la Torá nos ordena que cuando un pobre o algún necesitado pidan nuestra colaboración económica no se puede ignorarlos. Como dice la Torá, "cuando hubiere en medio de ti un pobre… no endurecerás tu corazón, sino que ciertamente le abrirás tu mano y sin falta le presentarás lo suficiente para lo que le faltare" (*Devarim* 16:7).

Esta *mitzvá* nos enseña que uno tiene que preocuparse por el otro y tener siempre presente el concepto de colaboración en nuestras vidas. Pero, más que esto, la *mitzvá* de *tzedaká* no es solo una obligación de ayudar al necesitado, sino que también es una vía para enseñarnos a dar y a desarrollar en nosotros la bondad. Significa el *deseo* de dar y la necesidad de siempre querer compartir, colaborar y ayudar.

La Torá nos enseña la importancia de adquirir la cualidad de *jésed* (bondad), que es la virtud principal de nuestro patriarca Abraham, que consiste en que uno tiene la *necesidad* y el deseo de dar y compartir, y por eso siempre está dispuesto a ayudar y colaborar.

La *mitzvá* de *tzedaká* no es solo un acto mecánico de dar una moneda a la caja de *tzedaká* o a un pobre, sino que este acto tiene que generar en mí el sentido de dar y colaborar, y causar un cambio interno de mi personalidad para aumentar el sentido voluntario y de colaboración.

El concepto de la *tzedaká* es de dar y recibir; esto implica que haya una persona que quiera dar y otra que acepta recibir. Sobre esta dinámica se basa el mundo y la creación, ya que solo así se logra la perfección y la redención del mundo, como dice el versículo: "Sion por medio de la *tzedaká* será redimida" (*Isaías* 1:27). Todo esto, porque en el hecho de dar y recibir se logra la perfección de la persona, pues cada uno pide ayudar y aportar al otro y el otro acepta recibir, y en este intercambio uno se complementa por medio del otro.

CONTENIDO